LES

PROCHAINES ÉLECTIONS

PAR

CONSTANT GUIMARD.

A NANTES

CHEZ TOUS LES LIBRAIRES.

—

1876.

LES

PROCHAINES ÉLECTIONS

PAR

CONSTANT GUIMARD.

A NANTES

CHEZ TOUS LES LIBRAIRES.

1875.

Nantes, Imprimerie CHARPENTIER, A. Boucherie et Cie, succ.

LES

PROCHAINES ÉLECTIONS.

Au mois d'août dernier l'éminent évêque de Poitiers disait à un auditoire composé d'hommes d'élite venus de tous les points de la France :

« Jamais, depuis l'organisation chrétienne de l'Europe et du monde, non, jamais l'équilibre social n'avait été aussi complétement rompu ; jamais la dissolution n'avait été aussi radicale, la décomposition aussi universelle. Pour garder courage, il nous est nécessaire de remonter aux promesses divines, d'apprendre des Ecritures quels seront les caractères des temps à mesure que le monde avancera vers son terme ; de nous rendre compte des crises, annoncées et prédites, à travers lesquelles doit se préparer cet avénement du règne de Dieu, que nous réclamons tous les jours dans l'oraison dominicale. »

Ces paroles sont comme le cri d'alarme jeté à l'approche de l'effroyable bouleversement dont tous les peuples ont en ce moment le pressentiment, et au sujet duquel il n'est plus possible de se faire illusion, pour peu que l'on sache comprendre quelque chose à la théorie des lois fondamentales qui régissent le monde moral. L'Europe n'a encore jamais traversé de crise comparable à celle qui se prépare, et cependant on semble ne regarder qu'avec indifférence les symptômes précurseurs de l'orage qui menace de nous surprendre dans un état de complète dislocation gouvernementale. Oh ! quelle pitié de voir les bonapartistes s'obstiner à scinder le grand parti conservateur qui pourrait encore si facilement dominer la situation ! Quel malheur qu'ils n'aient pas encore tous compris qu'aujourd'hui le premier devoir d'un bon citoyen français doit être, en politique, d'employer tout son crédit à combattre la pluralité des dynasties, qui nous fait consumer inutilement une si grande somme de forces sociales au milieu de mille tiraillements opérés en sens contraires ! Hélas ! on dirait que ces hommes ne se souviennent déjà plus du rôle infâme que la franc-maçonnerie fit jouer à Napoléon III. Il y a là un aveuglement et une obstination lamentables. Tout cela est même quelquefois si outré et tellement bizarre qu'on ne saurait en être témoin sans s'exposer à perdre le sérieux que commande le deuil de la patrie ; car le *Pays* ressemble à un théâtre ambulant où le moindre incident se transforme en une sorte de tragédie politique où la plupart des acteurs jouent le rôle de personnages comiques.

Jugez de cette étrange anomalie par la scène qui se passa l'an dernier au Palais des Beaux-Arts, où l'un des principaux chefs du parti de Chislehurst s'était rendu, l'arme au poing ; conformément aux habitudes de ce duelliste qui ne vit que d'aventures.

Ce jouteur qui s'escrime dans le journalisme, trouva que M*** n'avait pas assez habilement peint le fils de Napoléon III, pour que la vue de ce tableau pût faire du bien au bonapartisme.

Il en devint rouge de colère, au grand ébahissement des spectateurs qui ne paraissaient pas s'être encore doutés que la fortune de l'empire pût dépendre d'un détail de toilette.

« Il a massacré mon prince ! » s'écria-t-il, avec l'accent d'un preux qui s'élance, l'épée à la main, pour venger un affront de lèse-majesté.

C'était vraiment quelque chose d'héroï-comique et il n'a manqué qu'un coup d'estoc dans la toile pour élever cette prouesse à la hauteur des faits d'armes du héros de Cervantès.

Dans une autre circonstance cette espèce particulière de folie prit des proportions presque incroyables.

Versailles fut rempli des clameurs contradictoires et confuses de certains Napoléoniens effarés qui y étaient accourus, en criant qu'Henri V était entré dans la villa de ses ancêtres et que l'Assemblée nationale courait le risque d'être escamotée (comme par un Bonaparte) !

Au milieu de cette panique, Paul de Cassagnac qui prend les légitimistes pour des revenants, se distingua encore d'une manière particulière. Il s'agitait comme un épileptique ! Il braillait de manière à se faire ouïr de toute la France. Il heurtait ici, heurtait là, et se débattait comme un pensionnaire de Charenton qui a peur des douches.

Ce fut alors que notre incomparable publiciste contemporain fit entendre son ironique *gare aux coups de soleil !*

M. Rouher, lui-même, d'ailleurs fort estimable et plein de talents, se voit dans l'impossibilité de pouvoir échapper au ridicule de cette situation fausse où il consume toutes les ressources de sa brillante éloquence. Il est conservateur par tempérament. Il abhorre la canaille, et cependant on le voit achever de s'user au service d'une cause qui n'est qu'un produit bâtard de la Révolution. Oui, le bonapartisme ressemble à un enfant de naissance illégitime. Ni les formalités légales remplies après coup, ni les qualités personnelles ne peuvent faire disparaître ce vice d'origine qui a été, et qui sera fatalement une cause d'impuissance et d'instabilité, tant qu'il restera sur la terre un seul descendant de l'antique famille de nos rois, dont les intérêts dynastiques se confondent avec ceux du *peuple,* tandis que le Bonaparte couronné, aussi bien qu'un président de République « peut avoir ses visées particulières, une ambition personnelle » ; comme n'importe quel fermier qui craint de ne travailler que pour autrui, ainsi que le républicain, M. Laboulaye, fut contraint de l'avouer dans son fameux rapport du mois de juin dernier. C'est pourquoi le véritable rôle du grand Napoléon aurait dû être de donner à la France le plus grand général du monde, et de replacer sur le trône la seule dynastie capable de faire le bonheur de la patrie, en lui faisant reprendre la place d'honneur qu'elle doit occuper parmi les nations.

M. Rouher est certainement l'un des hommes les plus intelligents qui soient en Europe. Il est plein de dévouement. Il a une grande expérience des affaires et a toujours cherché l'intérêt de son gouvernement. Eh bien, qu'a-t-il fait comme premier ministre d'un empereur que le peuple avait rendu omnipotent en haine de la Révolution ? Il a fait tout bonnement comme l'astrologue de la fable. Pendant qu'il faisait un pompeux éloge de l'expédition du Mexique ; pendant qu'il pérorait ainsi à perte de vue sur cette « grande politique qui suppute par siècle », et qu'il feignait de voir jusque dans la lune ; à la manière de Napoléon Ier qui s'entêtait à montrer du doigt, par la fenêtre, une étoile que personne ne voyait (même avec le télescope), un *klïouque* se fit entendre !.... C'était M. le ministre d'Etat qui tombait, avec toute la dynastie napoléonienne, dans le gouffre ouvert à Sadowa. Le sauvetage s'opéra prestement ; mais l'ennemi tomba sur nous avant que l'aigle symbolique eût pu sécher ses ailes pour prendre son essor.

L'oiseau de *Jupiter* ne pouvant plus voler à la tête de nos armées, on fut contraint de le mener à la guerre à la manière d'un levrier tenu en laisse, et qui refuse d'avancer de peur des coups de bâton. Mais la *Victoire* s'indigna de voir l'aigle en si piteux état. Elle le fit lier par les pattes et conduire à Berlin ; comme cette volaille de basse-cour, que la villageoise mène à la ville dans une carriole ou sur le dos d'un âne.

M. Rouher (homme de *paroles*) nous avait officiellement juré à la tribune que *jamais, jamais* l'Italie n'entrerait à Rome ; or, Marguerite de *Solférino* couche maintenant au Quirinal, et s'y montre impudemment au balcon ; comme pour nous donner sa bénédiction en guise da remerciements, pour nos victoires qui ont amené le triomphe de la Prusse. Il nous avait promis toutes sortes de bonnes choses avec de la gloire par-dessus le marché ; eh ! il ne nous a gratifié que d'une amputation accompagnée d'une paire de hontes de plusieurs milliards, avec cet ensemble de sujets de chagrins inexprimables qui ont constitué un désastre dont les proportions dépassent même les bornes du vraisemblable. Puis il s'est sauvé avec le fils de celui qui fut un Judas. Pendant ce temps-là, le roi de Prusse venait réclamer son *droit de joyeux avénement ;* conformément au désir de Napoléon III qui disait un jour au maréchal Randon : « Je veux laisser se former une nation protestante qui puisse intimider le Pape. »

Voilà ce que ne dit point M. Dugué qui *fauconne* au profit de la maison Bonaparte et Cie. Il fait l'article avec toute la désinvolture d'un commis qui n'a pas à s'occuper de ce qui s'est passé dans le magasin. Mais lorsqu'on porte à son nom cette particule DE, qui est comme une enseigne de noblesse, il y a des inconvenances qu'on ne doit point se permettre. Eh bien, parmi toutes les inconvenances particulièrement indignes d'un gentilhomme, aucune n'est plus révoltante que de voir goguenarder sur la pauvreté du peuple; comme l'a fait M. de la Fauconnerie, au milieu de la misère publique et du deuil national. Sa fanfaronnade relative à un pari de vingt-cinq mille francs, contre vingt-cinq mille sous, lui donne l'air d'un fashionable en liesse, qui dirait aux paysans : « Nous, grands seigneurs employés de la maison Bonaparte, nous avons le gousset bien garni; tandis que vous autres, pauvres manants, vous n'avez pas le sou! » Or, cette manière d'humilier le républicanisme essentiellement nuisible à la France, est d'autant moins excusable, qu'elle ne peut que servir à pousser au crime, une plèbe scélérate à laquelle il n'a manqué peut-être que le degré de perversité nécessaire pour arriver aux honneurs, en faisant fortune, comme tant d'autres pour qui la République n'est qu'une période de brigandages.

Je suis sûr que ce noble, employé de bureau, n'aurait jamais osé se permettre une plaisanterie aussi cavalière, s'il n'avait pas déjà perdu de vue cette époque douloureuse où Guillaume le protestant, devenu tout-puissant, grâce à l'exécrable et stupide connivence de Napoléon III, se passait la fantaisie de faire le Louis XIV à Versailles; et disait sous l'inspiration de Bismark, à la France bonapartiste et républicaine : « Vous aviez besoin d'une bastonnade !... je vous l'ai donnée en première qualité ; car les rois de Prusse sont forts sur l'article. Maintenant, il me faut cinq milliards, pour honoraires, et deux provinces pour ma fauconnerie. »

Comment donc oser plaisanter encore après cela sur la rareté du numéraire ?....

Il a bien fallu payer....

Il a fallu donner le cadeau réclamé ironiquement, comme une garantie de bon voisinage !

Les pauvres Français ont pâti et sué de honte !

Ils ont enterré les morts. Ils ont pansé de leur mieux les plaies des blessés. Ils y ont employé tous les paquets de charpie, envoyés d'un peu partout (par charité), comme dans un hôpital surchargé d'estropiés. Puis, comme ils ont bon cœur, ainsi qu'on le faisait observer un jour à la tribune, ils se sont mis au travail avec une sorte d'acharnement, en se contentant de papier, faute d'argent pour le trafic. Mais voilà que M. Rouher, de retour à Paris, s'est avisé d'adresser l'*Ordre* aux maîtres d'école. Ce n'est pas seulement un mot d'ordre, mais bien une espèce de manifeste à faire lire aux paysans, avec quelques autres fragments de l'*Officiel*, pour prouver que la vraie République ne vaut pas le diable, et qu'Henri V (rappelé sur le trône avec le titre d'Empereur et Roi de France), est un trop honnête homme pour le temps qui court ; et que, par conséquent, les fermiers, surtout les métayers de la noblesse, qui sont généralement beaucoup plus à l'aise que les autres, feraient bien d'acheter encore un morceau de bonapartisme afin de vivre au moins quelque temps.

La chose n'est pas dite tout-à-fait comme cela ; car M. Rouher est un ancien avocat qui a beaucoup de talent, et encore plus de toupet. Eh! c'est qu'il en faut une forte dose de talent et de toupet, pour oser plaider aujourd'hui la cause du bonapartisme. En effet, les deux Napoléon ont fait tuer du monde abominablement, sans profit pour la France, et ils ont fait payer, chaque année, incomparablement plus d'impôts que les rois.

Les Bonaparte ont coutume de ne pas se montrer difficiles tout d'abord pour arriver au pouvoir. Ils ressemblent à un commis qui, en toilette de républicain, sollicite une place dans un riche et grand magasin. Mais, àpeine sont-ils installés, qu'ils s'empressent de garnir leurs malles. Ils se font un plus beau trousseau que celui du roi.

Ils promettent tout ce qu'on veut!

Ils ne craignent pas même de jurer fidélité à la République; pourvu qu'on les nomme président ou consul à vie. Mais tout le monde sait maintenant ce que valent les serments des Bonaparte. Ils promettent la paix; et c'est toujours la guerre avec augmentation d'impôts. Ils feignent de vouloir tout soumettre à la volonté du peuple; mais on les voit tailler dans la souveraineté nationale; comme si ce n'était qu'un tissu d'indienne; et, tout en faisant cette besogne, chacun d'eux chante au pauvre peuple souverain, la ritournelle plébiscitaire : « Je m'en irai quand vous serez lassé de moi. » Ce qui n'empêche pas que c'est toujours à condition de ne déguerpir que lorsque les huissiers, escortés de soldats étrangers, font leur entrée en France. Trois fois déjà c'est arrivé comme cela ; et, la dernière fois surtout ça faisait saigner le cœur !

En 1815, le roi Louis XVIII avait été ramené au pays, pour traiter de nouveau avec les puissances étrangères, comme en 1814 ; et tout se fit si bien que son représentant put se faire donner la place d'honneur parmi les diplomates de l'Europe vainqueur de Napoléon. Les affaires furent conduites avec tant de sagesse que, malgré cette double invasion, tous ces souverains qui, par le droit de la guerre, étaient maîtres de tout notre bien, se contentèrent des sept cents millions que notre ministre leur accorda pour leurs frais de voyage. Ils étaient pourtant terriblement en colère contre nous, ce qui n'est pas étonnant ; car leurs peuples avaient presque tous été mis dans la misère par les victoires de Napoléon Ier.

Malheureusement nous n'avons pas pu nous tirer ainsi d'embarras en 1871. Nous n'avions affaire pourtant qu'à Guillaume de Prusse ; mais M. Thiers qui tenait à devenir président de la République, ne voulait point entendre parler de faire revenir le roi. C'était grand dommage ! car Henri V a des amis parmi les rois, et les Prussiens auraient été obligés d'y regarder à deux fois ; attendu que si une autre nation avait bien voulu se prononcer en notre faveur, les chances auraient viré de bord. C'est comme cela qu'on se rend service entre voisins qui s'estiment. Mais es républicains nous ont fait si grand tort dans l'opinion publique, qu'on n'ose plus se fier au gouvernement français. Aussi, ma foi, on l'a laissé se débarbouiller comme quelqu'un qu'on n'ose tirer du bourbier, de peur de recevoir des insultes ou quelque mauvais coup. Ce sera même toujours comme cela désormais, si nous ne rappelons pas Henri V ; parce que les autres souverains ont peur que les peuples ne prennent l'habitude de faire de ces interminables révolutions qui finissent par ruiner tout le monde. Avez-vous vu quelqu'une de ces fermes mal tenues, où personne ne veut obéir? Eh bien, c'est un peu l'image de la France depuis 1789! On dirait même que les divers ministères ne sont plus aujourd'hui, que des fabriques à faire des portefeuilles donnant droit à un beau traitement suivi d'une grosse pension, après quelques jours employés à faire tourner la manivelle diplomatique ou administrative; comme cet aéronaute qui s'essoufflait dernièrement en faisant manœuvrer la *Clef-des-Airs*, sans pouvoir maîtriser le courant qui l'emportait [1].

Aussi, les Français habituellement tourmentés du besoin d'admirer, se sont-ils vus réduits à grandir un Thiers, pour en faire un homme... d'Etat.

---

(1) Un certain ministre, plein de bonne volonté, aurait dit dans sa haute sagesse, tout en constatant son impuissance : S'il y a « un danger réel, ce danger est sans remède. » Puis, il aurait continué de tournoyer à l'aventure, au risque d'avoir un jour à opérer sa descente dans un remous de crocodiles.

Des gens imbéciles ou payés pour jeter de la poudre aux yeux ont donné beaucoup d'éloges à ce collégien d'un âge avancé; mais la vérité toute pure, est que ce « diplomate » a joué piteusement devant Bismark, le rôle d'un simple commis, porteur d'une procuration de la Banque de France. Il a tout simplement signé ce que demandait le ministre prussien. Si vous en doutez, consultez les documents officiels. Vous verrez que Bismark avait posé ses conditions, même pendant que la guerre durait encore. Il avait dit : Je veux ceci, je veux cela. Et il a fallu en passer par là. M. Thiers pleurnicha un peu, comme Jules Favre quelque temps auparavant, mais tout fut bâclé de cette manière ; ce qui explique pourquoi nos ennemis de Berlin ont été si contents de ses services, que l'empereur Guillaume de Prusse a voulu lui en témoigner sa reconnaissance (comme à un lycéen encore sur les bancs) par l'envoi « d'un exemplaire de la grande édition royale des *Œuvres de Frédéric II.* » (Celui qui fit administrer une volée de coups de bâton à Voltaire.) Ce qui est une *faveur* signalée, « car c'est un présent magnifique et qui a d'autant plus de prix qu'on ne le prodigue pas ; » comme dit la *Gironde* qui courtise M. Thiers (1).

---

(1) Une dépêche tenue secrète jusqu'à ce jour, nous apprend que Bismark a été très-irrité de ce que son ambassadeur à Paris n'a pas montré les dents pour maintenir M. Thiers au pouvoir. Et la raison que le Prussien en donne officiellement, c'est que Berlin a tout intérêt à ce que la France soit impuissante contre ses ennemis.

Voilà comment a brillé le talent diplomatique de l'homme d'État qui n'a su bien gérer que les affaires de sa « pauvre maison, » pour laquelle il s'est fait donner une aumône d'un million en or; ce qui lui a mérité le titre d'homme pratique... Quelle pratique!!!

Et il en a été à peu près de même au sujet du grand emprunt national. En effet, à une Assemblée si nombreuse, où il y avait tant de grands seigneurs, et autres riches propriétaires, comme ceux qui se trouvèrent réunis à Bordeaux, et régulièrement constitués les mandataires de la France, tout capitaliste pouvait prêter largement, sans avoir absolument rien à craindre. Il suffisait donc simplement de proposer de bonnes conditions pour voir affluer les capitaux. Et tout homme un peu habitué au maniement des affaires pouvait suffire pour régulariser le mouvement de cette grande opération; mais M. Thiers, toujours occupé de sa petite personne, voulut faire un coup de théâtre. Le vaniteux vieillard eut recours aux expédients que nous connaissons. Il arriva par ce moyen à un résultat qu'on feignit de trouver fabuleux; mais qui est tout simplement risible; car enfin, dès lorsqu'on savait que le gouvernement français ne pouvait pas accepter plus de cinq milliards, il était bien évident qu'il n'y avait pas plus d'inconvénient à souscrire pour 100 milliards, que pour 30 ou 40 seulement. Et, avec un immense marché de capitaux, comme celui qui existe à Paris, il suffisait de donner une prime quelconque pour jouer cette farce financière, où le sérieux disparaît presque devant l'importance fantasmagorique qu'on a voulu lui donner.

Ce fait ne prouve bien qu'une seule chose ; c'est que notre chère France possède une force vitale qui a déconcerté toutes les prévisions d'un implacable vainqueur qui avait juré notre ruine. Toutefois comme une république de monarchistes, pas plus que toute autre, ne saurait durer longtemps chez nous, il est bien naturel que le patriotisme fasse chercher une solution qui soit la plus conforme au tempérament de la nation. Or, le fils de Napoléon III, avec les principes qu'il représente, ressemble à un petit « Chaperon » tenant une tartine d'autorité. Il semble dire à la Révolution : Tenez, grand'maman, mangez jusque-là ; mais pas plus loin ! Or, l'expérience du passé est là pour nous faire comprendre que la bête féroce ne tiendra aucun compte de cet arrangement du petit neveu du grand oncle. Le règne d'un Napoléon IV ne saurait être qu'une courte étape sur la route des abîmes. Il ne durerait que le temps nécessaire pour permettre aux communards de préparer les saturnales d'un nouveau carnaval révolutionnaire. C'est donc vers Henri V que doivent se tourner tous nos regards. Cela est si vrai, que les étrangers mêmes ne comprennent pas autrement une restauration de la France ; ce qui explique l'émotion profonde qu'a produite en Allemagne le phénomène extraordinaire qui eut lieu à Lunébourg, le 29 juin dernier, et que le journal de cette ville raconte ainsi :

« La nuit de la Saint-Pierre, on a remarqué ici, au milieu d'un orage épouvantable, au-dessus du toit du couvent Saint-Michel, une apparition aussi rare qu'intéressante. A minuit, apparaissaient à l'horizon, trois flammes sur un fond bleuâtre, ressemblant tout à fait aux fleurs de lis qui figurent dans l'écusson de France.

» L'apparition, au milieu de la nature déchaînée, faisait un effet vraiment magique et incomparable. Elle n'a duré que douze secondes. »

On éprouve tellement le besoin d'une France chevaleresque, et les peuples sont tellement convaincus de sa mission providentielle, que les populations allemandes se perdent en commentaires sur une vieille « prophétie où il est dit que du temps du dernier des Hohenzollern sur un trône royal, il se livrera une bataille près de Werl, en Westphalie, qui sera gagnée par un chevalier venu de l'Orient, montant à cheval du côté droit. »

La prophétie promet à la suite de la bataille ce qui suit : « *Pax tibi reddetur Germania; Gallia regem inveniet, pastorque greges ad ovile reducet.* »

Ce pressentiment des peuples, qui a ordinairement sa raison d'être, peut paraître indigne d'attirer l'attention des hommes sérieux ; mais la Providence va bientôt mettre à notre disposition le moyen de réaliser une prospérité glorieuse qui ne peut encore apparaître en ce moment qu'à l'état de rêve. Rien de plus simple ! Il s'agit seulement de bien comprendre que tout le monde ne peut pas commander. Car, après cela, on tombera aisément d'accord sur le reste, attendu qu'en général, on vit bien plus tranquille, en France, sous le gouvernement monarchique héréditaire que sous n'importe quelle autre manière de payer l'impôt. C'est comme dans les riches fermes de ces beaux châteaux qui embellissent nos campagnes, là où le plus grand malheur du fermier, est de voir la métairie passer, pour une raison ou pour une autre, dans les mains des avocats, des notaires, des huissiers, des médecins et autres gens enrichis à force de saigner le pauvre monde, tout en criant à tue-tête contre les nobles, les prêtres, etc.

Henri V qui est dans la force de l'âge, possède au plus haut degré toutes les qualités qui rendent dignes de s'asseoir sur le plus beau trône de l'univers. C'est le seul qui puisse réconcilier pour toujours les divers partis en querelle; comme dans une maison d'où le père est absent.

On ne saurait trop se hâter de mettre un terme au gaspillage d'un temps si précieux que nous perdons en boxes politiques. Or, il est facile de remédier à cet intolérable état de choses qui est éminemment le règne de la haine. La nation sait que la république produit sur le tempérament français l'effet d'une drogue malsaine, et que le bonapartisme finit toujours par une amputation de la patrie avec un mémoire d'apothicaire qu'il faut payer en gros millions de pièces d'or. Voyez comme le bonapartisme a été rejeté à l'eau sur les côtes de Bretagne, le 7 et le 21 février dernier. C'était pourtant là que les *oui* plébiscitaires avaient été le plus nombreux en 1870, époque où nos populations laborieuses qui abhorrent les révolutions, ne savaient encore rien de l'infâme trahison secrète de Napoléon III.

Voyez donc aussi comme le paysan breton a pourchassé le républicanisme à queue rouge, dans cette mêlée qui est peut-être la plus furieuse de nos fastes électoraux.

Aux flots d'imprécations où tourbillonnaient les épithètes de *chouans.... cléricaux*, etc., etc., le populaire conservateur répondit gaillardement par une riposte de *communards..., radicaux..., pétroleux..., enterre-chiens*, et autres termes ramassés sur la rue, comme ces cailloux dont tout honnête homme peut se servir pour faire reculer les chiens sortis du *chenil*, pour mordre ou qui se permettent d'aboyer de trop près.

Que les vrais amis de la patrie se concertent dans chaque arrondissement, pour porter leurs suffrages sur l'homme qu'ils croiront être le plus digne de représenter cette France chevaleresque qui est si essentiellement catholique et monarchique.

Qu'ils agissent ainsi, et bientôt nous aurons le bonheur de pouvoir saluer avec enthousiasme le retour de notre auguste et gracieux souverain, que le Seigneur nous a donné le jour même où l'Eglise célèbre la fête du Prince de la milice céleste, auquel

LE RÉVEIL DE LA FRANCE.

CHANT.

AIR : *Combien j'ai douce souvenance !*

I.

Quelle est donc cette douce aurore
Dont l'horizon là-bas se dore ?
Et dans les airs que dit l'airain
Sonore,
Retentissant dès le matin,
Si loin !

II.

Français, debout ! c'est la patrie
Qui vous appelle et vous convie ;
C'est la France de son effroi
Sortie,
Fêtant dans un joyeux émoi
Son Roi !

III.

O jour heureux, jour d'allégresse,
Levez-vous sur notre détresse ;
Rendez à notre cœur meurtri
L'ivresse ;
Nous aimons tant ce nom béni :
« Henri ! »

IV.

Ce nom sacré dans notre histoire
Veut dire Amour, Honneur, Victoire;
Il est avec le nom « Louis »
Ta gloire.
Garde toujours, ô mon pays,
Tes lys!

V.

A genoux donc et confiance!
Ouvrons nos cœurs à l'espérance:
Le Seigneur prend pitié de toi,
O France!
Bientôt il va rendre à ta foi
Ton Roi!

5736 — Nantes, Imp. Charpentier, A. Boucherie et Cᵒ, suc.

OUVRAGES DU MÊME AUTEUR :

Les Réflexions d'un jeune Catholique, ouvrage honoré d'un Bref du Saint-Père.

Le Baron d'Astriez.

Traité de Style Épistolaire.

Les Fortifications de Paris et les Armes nouvelles.

Les Ballons incendiaires et la Révolution.

Les Flottes et les nouveaux Engins de guerre.

Le Parlementarisme et la Stratégie nouvelle.

Le Suffrage universel et le Drapeau.

Un Coup d'Œil sur la Situation.

POUR PARAITRE PROCHAINEMENT :

Les Préoccupations de l'Intelligence.

Nantes, Imprimerie CHARPENTIER, A. Boucherie et Ce, succ.

www.ingramcontent.com/pod-product-compliance
Lightning Source LLC
LaVergne TN
LVHW010408240826
846091LV00020B/2843

* 9 7 8 2 0 1 1 7 7 8 4 2 0 *